GSAT

삼성직무적성검사 모의고사

제 3 회				
영 역	수리영역, 추리영역	**문 항 수**	50문항	
시 간	60분	**비 고**	객관식 5지 선다형	

[수험자 유의사항]

1. 시험시작 1시간 전 모니터링 시스템에 접속해야 응시가 가능합니다.

2. 독립된 공간에서 혼자 응시합니다.

3. 필기구 이외의 다른 물품은 정리합니다.

4. 반려견 소리 등 다른 소음을 자제합니다.

5. 시험시간 내에 자리이탈 및 시험 외 행동은 금지합니다.

6. 부정행위가 적발될 경우에는 최대 5년 간 응시가 제한됩니다.

SEOWONGAK
(주)서원각

제3회 GSAT 삼성직무적성검사

✏️ **수리영역(20문항 / 30분)**

1. A지점에서 150km 떨어진 B지점까지 평균시속 75km로 왕복하였다. 갈 때는 시속 100km로 운전하였다면 올 때의 시속은 몇 km인가?

① 60
② 65
③ 70
④ 75
⑤ 80

2. 농도가 각각 12%, 4%인 소금물을 섞어서 425g의 소금물을 만들었다. 여기에 물 25g을 더 넣었더니 농도가 10%인 소금물이 되었다. 이때, 12% 소금물의 양을 구하시오.

① 330g
② 340g
③ 350g
④ 360g
⑤ 370g

3. 철수는 2010년 1월 말부터 매달 말에 20만 원씩 적금을 넣기로 하였다. 월이율 2%의 복리로 계산할 때, 2011년 12월 말에 철수가 모은 금액은? (단, $1.02^{12} = 1.3$으로 계산한다)

① 300만 원
② 690만 원
③ 790만 원
④ 850만 원
⑤ 900만 원

4. 연이율 10%, 1년마다 복리로 매년 초에 만 원씩 적립하였을 때, 10년째 연말의 원리합계는? (단, $1.1^9 = 2.4$, $1.1^{10} = 2.6$, $1.1^{11} = 2.9$로 계산한다)

① 156,000원
② 169,000원
③ 176,000원
④ 209,000원
⑤ 214,000원

5. 미영이는 42,000원을 가지고 있다. 이 돈의 $\frac{3}{7}$을 사용하여 2,000원짜리 연필을 산다고 할 때, 미영이는 연필 몇 자루를 구매할 수 있는가?

① 9자루
② 8자루
③ 7자루
④ 6자루
⑤ 5자루

6. 어떤 일을 하는데 엄마는 4일이 걸리고, 언니는 8일이 걸린다고 한다. 이 일을 언니가 4일 동안 한 후에 엄마가 일을 한다면 엄마가 일을 마치는데 며칠이 걸리는가?

① 1일
② 2일
③ 3일
④ 4일
⑤ 5일

7. 3년 전 B나이의 3배가 A의 나이였으며, 3년 후에는 A의 나이가 B나이의 2배가 된다. 현재 A와 B나이의 합은?

① 26　　　　　　　② 28

③ 30　　　　　　　④ 32

⑤ 34

8. 빨간색 주사위 2개와 파란색 주사위 3개가 있다. 5개의 주사위 중에서 2개를 무작위로 집어서 던졌을 때, 둘 다 빨간색이고 나온 주사위 눈 수의 합이 10 이상일 확률은?

① $\frac{1}{120}$　　　　　　② $\frac{1}{60}$

③ $\frac{1}{150}$　　　　　　④ $\frac{1}{36}$

⑤ $\frac{1}{6}$

9. 다음은 주요 국가별 국민총소득에 관한 자료이다. 이에 대한 설명으로 옳은 것은?

(단위 : 억 달러)

국가＼연도	한국	일본	미국	캐나다	영국
2016	1,315	5,329	17,074	1,814	2,703
2017	1,415	5,024	17,899	1,764	2,960
2018	1,386	4,549	18,496	1,529	2,822
2019	1,412	5,106	18,750	1,509	2,588
2020	1,530	5,049	19,608	1,631	2,580

국가＼연도	프랑스	독일	호주	대만	싱가포르
2016	2,848	3,842	1,528	526	293
2017	2,877	3,966	1,421	546	300
2018	2,458	3,437	1,317	543	284
2019	2,520	3,524	1,184	547	287
2020	2,639	3,753	1,288	588	312

※ 단, 계산 값은 소수점 둘째 자리에서 반올림한다.
① 대만은 매년 국민총소득이 증가했다.
② 2020년 10개 국가의 국민총소득을 합한 값에서 미국의 국민총소득이 차지하는 비중은 50%를 넘는다.
③ 2020년 전년대비 국민총소득의 증가율이 가장 높은 국가는 싱가포르이다.
④ 매년 미국의 국민총소득은 캐나다 국민총소득의 10배 이상이다.
⑤ 2018년 국민총소득이 세 번째로 낮은 국가는 한국이다.

10. 다음은 ○○도시의 A, B, C 세 지역에서 운영 중인 도서관 출입현황에 대한 자료이다. ○○도시는 도서관 출입건수에 따라 각 지역별 도서관시설 정비예산을 책정하려고 한다. 다음 자료에 의하여 A지역 주민 1인당 책정되는 예산은 얼마인가? (단, ○○도시 도서관 정비사업 예산은 총 10억 원이 책정되어 있다)

○○도시의 도서관 운영현황

	인구(천명)	출입건수(건)	총 이용자 수(명)
A지역	30	3,000	4,538
B지역	50	4,500	5,690
C지역	40	2,500	3,260

① 6,250원
② 9,000원
③ 10,000원
④ 12,000원
⑤ 15,000원

11. 논벼의 수익성을 다음 표와 같이 나타낼 때, 빈칸 ㉠, ㉡에 들어갈 수치는 순서대로 각각 얼마인가? (반올림하여 소수점 첫째 자리까지 표시한다)

(단위 : 원, %, %p)

구분	2016년	2017년	전년대비 증감	전년대비 증감률
총수입(a)	856,165	974,553	118,388	13.8
생산비(b)	674,340	691,374	17,033	2.5
경영비(c)	426,619	(㉠)	6,484	1.5
순수익(a)−(b)	181,825	283,179	101,355	55.7
• 순수익률*	21.2	29.1	7.8	
소득(a)−(c)	429,546	541,450	111,904	26.1
• 소득률*	(㉡)	55.6	5.4	

* 순수익률＝(순수익÷총수입)×100

* 소득률＝(소득÷총수입)×100

① 433,103 / 45.2
② 433,103 / 50.2
③ 423,605 / 45.2
④ 423,605 / 50.2
⑤ 433,103 / 55.3

[12 ~ 13] 다음은 연도별 유·초·중고등 휴직 교원의 휴직 사유를 나타낸 표이다. 물음에 답하시오.

구분	질병	병역	육아	간병	동반	학업	기타
2019	1,202	1,631	20,826	721	927	327	2,928
2018	1,174	1,580	18,719	693	1,036	353	2,360
2017	1,019	1,657	15,830	719	1,196	418	2,043
2016	547	1,677	12,435	561	1,035	420	2,196
2015	532	1,359	10,925	392	1,536	559	808
2014	495	1,261	8,911	485	1,556	609	806
2013	465	1,188	6,098	558	1,471	587	752
2012	470	1,216	5,256	437	1,293	514	709
2011	471	1,071	4,464	367	1,120	456	899

12. 2013년 휴직의 사유 중 간병이 차지하는 비중은?(소수 둘째자리에서 반올림한다)

① 4.6% ② 4.7%
③ 4.8% ④ 4.9%
⑤ 5.0%

13. 다음 중 표에 관한 설명으로 옳지 않은 것은?

① 2016년부터 2019년까지 휴직의 사유를 보면 육아의 비중이 가장 높다.
② 2011년부터 2019년까지 휴직의 사유 중 병역은 항상 질병의 비중보다 높다.
③ 2018년부터는 육아가 휴직 사유에서 차지하는 비중이 70%를 넘어서고 있다.
④ 2016년 휴직 사유 중 간병의 비중이 질병보다 낮다.
⑤ 2017년부터 2019년까지 기타를 제외한 휴직 사유를 높은 순서대로 나열하면 육아, 병역, 질병, 동반, 간병, 학업이다.

14. 다음은 2019년 어린이집 및 유치원의 11개 특별활동프로그램 실시 현황에 관한 자료이다. 이에 대한 설명으로 옳은 것들만 바르게 짝지어진 것은?

어린이집 및 유치원의 11개 특별활동프로그램 실시 현황

(단위 : %, 개, 명)

구분 특별활동프로그램	어린이집			유치원		
	실시율	실시기관 수	파견강사 수	실시율	실시기관 수	파견강사 수
미술	15.7	6,677	834	38.5	3,250	671
음악	47.0	19,988	2,498	62.7	5,294	1,059
체육	53.6	22,794	2,849	78.2	6,600	1,320
과학	6.0	( )	319	27.9	( )	471
수학	2.9	1,233	206	16.2	1,366	273
한글	5.8	2,467	411	15.5	1,306	291
컴퓨터	0.7	298	37	0.0	0	0
교구	15.2	6,464	808	15.5	1,306	261
한자	0.5	213	26	3.7	316	63
영어	62.9	26,749	6,687	70.7	5,968	1,492
서예	1.0	425	53	0.6	51	10

※ 해당 특별활동프로그램 실시율(%)
$$= \frac{해당\ 특별활동프로그램\ 실시\ 어린이집(유치원)\ 수}{특별활동프로그램\ 실시\ 전체\ 어린이집(유치원)\ 수} \times 100$$

※ 어린이집과 유치원은 각각 1개 이상의 특별활동프로그램을 실시하며, 2019년 특별활동프로그램 실시 전체 어린이집 수는 42,527개이고, 특별활동프로그램 실시 전체 유치원 수는 8,443개이다.

⊙ 특별활동프로그램 실시율이 40% 이상인 특별활동프로그램 수는 어린이집과 유치원이 동일하다.
ⓒ 어린이집의 특별활동프로그램 중 실시기관 수 대비 파견강사 수의 비율은 '영어'가 '음악'보다 높다.
ⓒ 파견강사 수가 많은 특별활동프로그램부터 순서대로 나열하면, 어린이집과 유치원의 특별활동프로그램 순위는 동일하다.
ⓔ 특별활동프로그램 중 '과학' 실시기관 수는 유치원이 어린이집보다 많다.

① ⊙ⓒ ② ⊙ⓒ
③ ⓒⓔ ④ ⊙ⓒⓔ
⑤ ⓒⓒⓔ

15. 다음은 'A' 카페의 커피 판매정보에 대한 자료이다. 한 잔만을 더 판매하고 영업을 종료한다고 할 때, 총이익이 정확히 64,000원이 되기 위해서 판매해야 하는 메뉴는 무엇인가?

(단위 : 원, 잔)

구분 \ 메뉴	한 잔 판매가격	현재까지의 판매량	원두 (200)	우유 (300)	바닐라 시럽 (100)	초코 시럽 (150)	카라멜 시럽 (250)
			\-- 한 잔당 재료(재료비) --\				
아메리카노	3,000	5	O	×	×	×	×
카페라테	3,500	3	O	O	×	×	×
바닐라라테	4,000	3	O	O	O	×	×
카페모카	4,000	2	O	O	×	O	×
캐러멜마키아토	4,300	6	O	O	O	×	O

※ 메뉴별 이익＝(메뉴별 판매가격－메뉴별 재료비)×메뉴별 판매량
※ 총이익은 메뉴별 이익의 합이며, 다른 비용은 고려하지 않음
※ 'A'카페는 5가지 메뉴만을 판매하며, 메뉴별 한 반 판매가격과 재료비는 변동 없음
※ O : 해당 재료 한 번 사용함을 의미, × : 해당 재료를 사용하지 않음을 의미

① 아메리카노
② 카페라테
③ 바닐라라테
④ 카페모카
⑤ 캐러멜마키아토

16. 다음 표는 국내 상장사의 2019년도 1사분기 매출액을 나타낸다. 이 표를 바탕으로 2019년의 매출액이 30조를 넘을 것으로 예상되는 기업은 모두 몇 개인가?

유가증권시장 1분기 매출액 상위기업			
순위	회사명	매출액(백만 원)	증감률(%)
1	A	17,107,345	18.92
2	B	8,275,721	53.38
3	C	8,197,811	21.97
4	D	8,017,103	12.04
5	E	6,927,232	14.81
6	F	6,575,411	43.83
7	G	6,066,183	6.41
8	H	5,107,402	28.54
9	I	4,666,726	45.47
10	J	4,354,065	18.43

① 8개
② 7개
③ 6개
④ 5개
⑤ 4개

17. 다음 표는 우리나라 부패인식지수(CPI)연도별 변동 추이에 대한 표이다. 다음 중 옳지 않은 것은?

		2014	2015	2016	2017	2018	2019	2020
C P I	점수	4.5	5.0	5.1	5.1	5.6	5.5	5.4
	조사대상국	146	159	163	180	180	180	178
	순위	47	40	42	43	40	39	39
	백분율	32.3	25.2	25.8	2339	22.2	21.6	21.9
O E C D	회원	30	30	30	30	30	30	30
	순위	24	22	23	25	22	22	22

※ 점수가 높을수록 청렴(0 ~ 10점)

① 우리나라의 평균 CPI 점수는 5.2점 이하이다.
② 청렴도가 가장 낮은 해와 2020년도의 청렴도 점수 차는 0.9점이다.
③ OECD 순위는 2014년부터 현재까지 상위권으로 볼 수 있다.
④ CPI 순위는 2019년에 처음으로 30위권에 진입했다.
⑤ CPI를 확인해 볼 때, 우리나라는 다른 해에 비해 2018년도가 가장 청렴하다고 볼 수 있다.

2020년 코로나19로 인한 연령별 소득 변화 경험

연령별	응답자수 (명)	감소 (%)	변동 없음 (%)	증가 (%)
20대 이하	371	12.5	86.3	1.2
30 ~ 40대	1,258	23.8	75.6	0.6
50 ~ 60대	1,144	35.6	64.0	0.4
70대 이상	㉠ 252	16.7	㉡ 83.3	0.0
전체	3,026	26.3	㉢ 73.2	0.5

2020년 코로나19로 인한 연간총가구소득별 소득 변화 경험

연간총 가구소득	응답자수 (명)	감소 (%)	변동 없음 (%)	증가 (%)
1천만 원 미만	78	5.1	94.5	0.4
1 ~ 3천만 원 미만	701	22.1	77.1	0.8
3 ~ 5천만 원 미만	929	25.1	74.6	0.3
5 ~ 7천만 원 미만	615	32.2	67.1	0.7
7천 ~ 1억 원 미만	516	29.1	70.5	0.4
1억 원 이상	187	30	69.2	0.8

18. 다음 보고 ㉠ ~ ㉢에 알맞은 것은?

	㉠	㉡	㉢
①	252	83.2	72.1
②	252	83.3	72.1
③	252	83.3	73.2
④	253	83.2	73.2
⑤	253	83.4	73.3

19. 다음 중 위의 표를 올바르게 이해하지 못한 것은?

① 연령별 소득 변화 경험에서 30 ~ 40대가 가장 많은 인원이 소득 증가를 경험하였다.

② 연간총가구소득별 소득 변화 경험에서 1 ~ 3천만 원 변동 없음에 응답자수는 감소에 응답자수의 3배 이상이다.

③ 연령별, 연간총가구소득별 소득 변화에서 공통적으로 증가 응답의 비율이 감소 응답의 비율을 넘지 않는다.

④ 연간총가구소득이 적을수록 소득 변화 감소의 응답 비율이 낮아진다.

⑤ 코로나19로 소득 변화를 경험에서 모두 변동없음의 응답률이 가장 높게 나타난다.

20. 다음 〈도표〉는 L상사의 8개 핵심 부서의 예산규모와 인적자원을 나타낸 것이다. 〈조건〉에서 설명하는 A ~ F 부서를 〈도표〉에서 찾을 때 두 번 이상 해당되는 부서는?

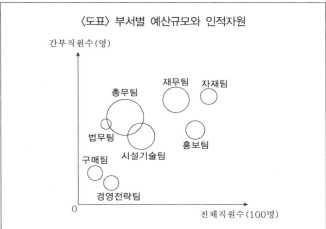

〈도표〉 부서별 예산규모와 인적자원

* 원의 면적이 넓을수록 예산규모가 큼
* 각 원의 중심 좌표는 전체직원수와 간부직원수를 각각 나타냄

〈조건〉
㉠ 전체 직원이 가장 많은 부서와 가장 적은 부서는 각각 A와 B이다.
㉡ 예산규모가 가장 큰 부서와 가장 작은 부서는 각각 C와 D이다.
㉢ 전체 직원수 대비 간부직원수의 비율이 가장 높은 부서와 가장 낮은 부서는 각각 E와 F이다.

① 자재팀
② 총무팀
③ 법무팀
④ 구매팀
⑤ 홍보팀

[21 ~ 23] 다음 짝지어진 단어 사이의 관계가 나머지와 다른 하나를 고르시오.

21.
① 입동 – 소설 – 대설
② 칠순 – 희수 – 산수
③ 여름 – 가을 – 겨울
④ 월요일 – 화요일 – 수요일
⑤ 정묘 – 무진 – 기사

22.
① 사면초가 – 진퇴양난
② 경거망동 – 삼복백규
③ 백골난망 – 결초보은
④ 호사다마 – 새옹지마
⑤ 반포지효 – 혼정신성

23.
① 아버지 – 가친   ② 어머니 – 자당
③ 아버지 – 춘부장   ④ 어머니 – 모주
⑤ 딸 – 영애

[24 ~ 25] 제시된 단어와 같은 관계가 되도록 빈칸에 들어갈 가장 적절한 단어를 고르시오.

24.

일본 : 엔 = 태국 : ( )

① 달러   ② 바트
③ 위안   ④ 리라
⑤ 파운드

25.

가결(可決) : 부결(否決) = 좌절(挫折) : ( )

① 관철(貫徹)   ② 경박(輕薄)
③ 중후(重厚)   ④ 겸손(謙遜)
⑤ 방임(放任)

[26 ~ 28] 다음의 사실이 전부 참일 때 항상 참인 것을 고르시오.

26.

• A마을에 사는 어떤 사람은 채식주의자이다. • A마을에 사는 어떤 사람도 농사를 짓지 않는 사람은 없다.

① A마을에 사는 모든 사람은 채식주의자이다.
② 농사를 짓는 모든 사람은 채식주의자이다.
③ 농사를 짓는 어떤 사람은 채식주의자이다.
④ A마을에 사는 어떤 사람은 농사를 짓지 않는다.
⑤ 채식주의자는 모두 농사를 짓는다.

27.

• 멜로영화를 좋아하지 않는 사람은 공포영화를 좋아한다. • 멜로영화를 좋아하는 사람은 SF영화 또는 다큐영화를 좋아한다.

① SF영화 또는 다큐영화를 좋아하지 않는 사람은 멜로영화를 좋아하지 않는다.
② 멜로영화를 좋아하는 사람은 공포영화를 좋아하지 않으며 다큐영화를 좋아한다.
③ SF영화와 다큐영화를 좋아하는 사람은 공포영화를 좋아하지 않는다.
④ 공포영화를 좋아하지 않는 사람은 SF영화 또는 다큐영화를 좋아한다.
⑤ 공포영화를 좋아하는 사람은 SF영화와 다큐영화를 싫어한다.

28.

- 경제가 어려워진다면 긴축정책이 시행된다.
- 물가가 오른다면 긴축정책을 시행하지 않는다.
- 경제가 어려워지거나 부동산이 폭락한다.
- 부동산이 폭락한 것은 아니다.

① 물가가 오른다.
② 경제가 어렵지 않다.
③ 물가가 오르지 않는다.
④ 긴축정책을 하지 않는다.
⑤ 부동산은 폭락할 수 있다.

29. 다음 내용을 근거로 판단할 때 참말을 한 사람은 누구인가?

A 동아리 학생 5명은 각각 B 동아리 학생들과 30회씩 가위바위보 게임을 하였다. 각 게임에서 이길 경우 5점, 비길 경우 1점, 질 경우 −1점을 받는다. 게임이 모두 끝나자 A 동아리 학생 5명은 자신들이 얻은 합산 점수를 다음과 같이 말하였다.

갑 : 내 점수는 148점이다.
을 : 내 점수는 145점이다.
병 : 내 점수는 143점이다.
정 : 내 점수는 140점이다.
무 : 내 점수는 139점이다.

이들 중 한 명만 참말을 하고 있다.

① 갑   ② 을
③ 병   ④ 정
⑤ 무

30. 다음 글을 근거로 판단할 때, 김 과장이 단식을 시작한 첫 주 월요일부터 일요일까지 한 끼만 먹은 요일(끼니때)은?

김 과장은 건강상의 이유로 간헐적 단식을 시작하기로 했다. 김 과장이 선택한 간헐적 단식 방법은 월요일부터 일요일까지 일주일 중에 2일을 선택하여 아침 혹은 저녁 한 끼 식사만 하는 것이다. 단, 단식을 하는 날 전후로 각각 최소 2일간은 정상적으로 세 끼 식사를 하고, 업무상의 식사 약속을 고려하여 단식일과 방법을 유동적으로 결정하기로 했다. 또한 단식을 하는 날 이외에는 항상 세 끼 식사를 한다.

간헐적 단식 2주째인 김 과장은 그동안 단식을 했던 날짜를 기록해두기 위해 아래와 같이 최근 식사와 관련된 기억을 떠올렸다.
- 2주차 월요일에는 단식을 했다.
- 지난주에 먹은 아침식사 횟수와 저녁식사 횟수가 같다.
- 지난주 월요일, 수요일, 금요일에는 조찬회의에 참석하여 아침식사를 했다.
- 지난주 목요일에는 업무약속이 있어서 점심식사를 했다.

① 월요일(저녁), 목요일(저녁)
② 화요일(아침), 금요일(아침)
③ 화요일(아침), 금요일(저녁)
④ 화요일(저녁), 금요일(아침)
⑤ 수요일(아침), 금요일(아침)

[31 ~ 34] 주어진 결론을 반드시 참으로 하는 전제를 고르시오.

31.

전제1 : 모든 실력 있는 사람은 논쟁을 두려워하지 않는다.
전제2 : _____
결론 : 궤변론자들은 실력 있는 사람이 아니다.

① 어떤 실력 있는 사람은 궤변론자이다.
② 어떤 궤변론자는 실력 있는 사람이다.
③ 논쟁을 두려워하지 않는 사람은 궤변론자가 아니다.
④ 어떤 궤변론자는 논쟁을 두려워하지 않는다.
⑤ 모든 궤변론자는 논쟁을 두려워하지 않는다.

32.

> 전제1 : 어떤 사원은 업무능력이 좋다.
> 전제2 : _____
> 결론 : 직무교육을 받은 어떤 사원은 업무능력이 좋다.

① 어떤 사원은 직무교육을 받는다.
② 모든 사원은 업무능력이 좋다.
③ 모든 사원은 직무교육을 받는다.
④ 어떤 사원은 업무능력이 좋지 않다.
⑤ 모든 사원은 직무교육을 받지 않는다.

33.

> 전제1 : 죽는 것은 살아있는 생물이다.
> 전제2 : _____
> 결론 : 돌은 죽지 않는다.

① 살아있지 않은 것은 무생물이다.
② 무생물은 죽지 않는다.
③ 살아있는 생물은 돌이 아니다.
④ 돌은 살아있는 생물이다.
⑤ 돌이 아닌 것은 살아있는 생물이 아니다.

34.

> 전제1 : 영희를 좋아하는 어떤 사람은 분홍색을 좋아한다.
> 전제2 : _____
> 결론 : 낭만적이지 않은 어떤 사람은 분홍색을 좋아한다.

① 영희를 좋아하는 모든 사람은 낭만적이지 않다.
② 영희를 좋아하는 어떤 사람은 낭만적이지 않다.
③ 영희를 좋아하는 모든 사람은 분홍색을 좋아한다.
④ 영희를 좋아하는 어떤 사람은 분홍색을 좋아하지 않는다.
⑤ 영희를 좋아하는 어떤 사람은 낭만적이지 않고 분홍색을 좋아하지 않는다.

35. A, B, C, D, E의 다섯 가족이 같은 골목에 살고 있으며 각 가족의 집은 다음과 같다. 이를 토대로 가장 처음에 있는 집을 고르면?

> • D의 집과 E의 집은 A의 집의 왼쪽에 있다.
> • C의 집이 가장 처음은 아니다.
> • C의 집은 D의 집의 왼쪽에 있다.
> • A의 집은 B의 집의 바로 오른쪽에 있다.

① A   ② B
③ C   ④ D
⑤ E

[36 ～ 37] 갑동과 을숙, 병식, 정무 네 사람은 서로 이웃한 빨간 집, 노란 집, 초록 집, 파란 집(집의 배열순서는 이와 같지 않다.)에 살고 있고, 사무직, 기술직, 서비스직, 영업직에 종사하고 있으며, 서로 다른 애완동물을 키운다. 알려진 정보가 다음과 같을 때, 주어진 물음에 답하시오.

> ㉠ 을숙이는 빨간 집에 산다.
> ㉡ 정무는 기술직에 종사한다.
> ㉢ 초록 집 사람은 사무직에 종사한다.
> ㉣ 영업직에 종사하는 사람은 새를 기른다.
> ㉤ 노란 집 사람은 고양이를 키운다.
> ㉥ 오른쪽 두 번째 집에 사는 사람은 영업직에 종사한다.
> ㉦ 갑동이는 왼쪽 첫 번째 집에 산다.
> ㉧ 강아지를 기르는 사람은 고양이를 기르는 사람 옆집에 산다.
> ㉨ 갑동이는 파란 집 옆집에 산다.

36. 네 사람 중 한 사람은 거북이를 키운다면, 거북이를 키우는 사람의 직업은 무엇인가?

① 사무직   ② 기술직
③ 서비스직   ④ 영업직
⑤ 알 수 없음

37. 다음 중 직업이 바르게 짝지어진 것은 무엇인가?

① 갑동 – 사무직   ② 갑동 – 영업직
③ 을숙 – 영업직   ④ 을숙 – 서비스직
⑤ 병식 – 서비스직

38. 어느 농촌 마을에 참외가 사라지는 사건이 발생했다. 두 명은 거짓을 이야기하고, 세 명은 진실을 이야기하고 있다면 참외를 훔쳐간 범인은 누구인가?

> A : 나는 참외도둑이 참외를 훔쳐갈 때, C와 함께 참외밭이 아닌 다른 장소에 있었다.
> B : 나와 C, 그리고 E는 범인을 보았다.
> C : E가 참외를 훔쳤다. B의 말은 진실이다.
> D : B는 범인이 아니다. A의 말은 진실이다.
> E : 참외를 훔쳐가는 범인을 본 사람은 2명이다.

① A   ② B
③ C   ④ D
⑤ E

39. 직원 7명이 교육을 받으려고 한다. 교육실에서 좌석의 조건이 다음과 같을 때 첫 줄에 앉은 직원 중 빈자리 바로 옆 자리에 배정받을 수 있는 사람은?

첫 줄	(1)	(2)	(3)
중간 줄	(4)	(5)	(6)
마지막 줄	(7)	(8)	(9)

> • 직원은 태연, 윤아, 솔지, 유나, 예원, 봉선, 영미 7명이다.
> • 서로 같은 줄에 있는 사람만 옆 자리일 수 있다.
> • 솔지의 자리는 유나의 옆 자리인 동시에 비어있는 자리의 옆이다.
> • 영미와 예원은 같은 줄의 좌석에 배정받았다.
> • 봉선의 자리는 마지막 줄에 있다.
> • 태연의 자리는 유나의 바로 앞자리이다.
> • 태연의 옆 자리에 예원이나 영미 그 누구도 배정받지 않았다.

① 윤아
② 솔지
③ 영미
④ 예원
⑤ 봉선

40. 다음 〈조건〉과 〈정보〉를 근거로 판단할 때, 곶감의 위치와 착한 호랑이, 나쁜 호랑이의 조합으로 가능한 것은?

> 〈조건〉
> • 착한 호랑이는 2마리이고, 나쁜 호랑이는 3마리로 총 5마리의 호랑이(甲~戊)가 있다.
> • 착한 호랑이는 참말만 하고, 나쁜 호랑이는 거짓말만 한다.
> • 곶감은 꿀단지, 아궁이, 소쿠리 중 한 곳에만 있다.

> 〈정보〉
> 甲 : 곶감은 아궁이에 있지.
> 乙 : 여기서 나만 곶감의 위치를 알아.
> 丙 : 甲은 나쁜 호랑이야.
> 丁 : 나는 곶감이 어디 있는지 알지.
> 戊 : 곶감은 꿀단지에 있어.

	곶감의 위치	착한 호랑이	나쁜 호랑이
①	꿀단지	戊	丙
②	소쿠리	丁	乙
③	소쿠리	乙	丙
④	아궁이	丙	戊
⑤	아궁이	甲	丁

41. 전무, 상무, 부장, 차장, 과장, 대리 6명은 다음 주부터 6주의 기간 동안 모두 휴가를 2주씩 간다. 다음 제시된 내용을 고려했을 때, 항상 거짓인 것은?

> • 과장과 대리는 휴가를 동시에 시작하며 전무, 상무와 휴가 기간이 1주씩 겹친다.
> • 전무는 1주차와 6주차에 휴가를 갈 수 없다.
> • 차장이 휴가를 다녀오면 6주의 휴가기간이 끝난다.
> • 상무가 휴가를 다녀온 후 전무가 휴가를 떠난다.

① 아무도 휴가를 안 가는 주는 없다.
② 3주차는 휴가 인원이 가장 많은 주다.
③ 상무는 2주차에 항상 휴가 중이다.
④ 부장은 다른 사람들과 휴가 기간이 겹친다.
⑤ 차장과 대리의 휴가가 겹칠 수 있다.

42. 그래는 입사 전 유럽여행을 떠나려 한다. 다음 제시된 〈일정〉들이 모두 참이라고 할 때 그래가 여행하게 될 국가들은?

〈일정〉
㉠ 그래가 가장 먼저 여행할 나라는 영국이다.
㉡ 그래가 프랑스에 간다면 영국에는 가지 않는다.
㉢ 그래는 프랑스에 가거나 독일에 간다.
㉣ 그래가 스위스에 가지 않는다면 독일에도 가지 않는다.
㉤ 그래는 독일에 가고 이탈리아에 간다.

① 영국, 프랑스
② 영국, 독일, 이탈리아
③ 영국, 독일, 스위스, 이탈리아
④ 영국, 프랑스, 스위스, 이탈리아
⑤ 영국, 프랑스, 독일, 스위스, 이탈리아

43. 다음 상황에서 옳은 것은?

원주민과 이주민이 섞여서 살고 있는 어떤 마을에 여행객이 찾아왔다. 원주민은 항상 진실만을 말하고, 이주민은 항상 거짓만을 말한다고 한다. 여행객이 젊은이에게 "당신은 원주민입니까?"라고 물었을 때 젊은이는 자신이 원주민이 맞다고 대답했다. 그러자 옆에 있던 노파가 젊은이는 거짓말을 하고 있다고 말했고, 모자를 쓴 할아버지는 노파의 말이 맞다고 이야기 했다.

① 젊은이와 노파, 할아버지 중 한 명만 원주민이라면 원주민은 노파이다.
② 노파가 원주민이면 할아버지는 이주민이다.
③ 젊은이와 노파, 할아버지는 모두 원주민이다.
④ 노파와 할아버지는 둘 다 원주민이거나 이주민이다.
⑤ 젊은이와 노파, 할아버지 중 두 명이 이주민이다.

[44 ～ 45] 다음 '?'에 들어갈 도형으로 알맞은 것을 고르시오.

44.

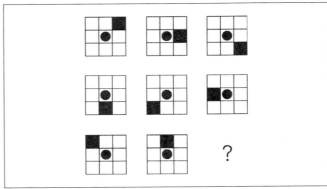

①   ②

③   ④

⑤

45.

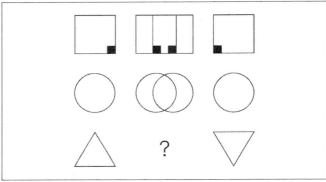

①   ②

③   ④

⑤

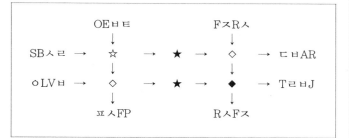

OEㅂㅌ
↓
SBㅅㄹ → ☆ → ★ → ◇ → ㄷㅂAR
↓
ㅇLVㅂ → ◇ → ★ → ◆ → TㄹㅂJ
↓
ㅍㅅFP

FㅈRㅅ
↓
...
↓
RㅅFㅈ

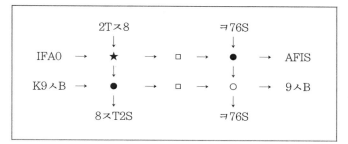

2Tㅈ8
↓
IFA0 → ★ → □ → ● → AFIS
↓
8ㅈT2S

ㅋ76S
↓
K9ㅅB → ● → □ → ○ → 9ㅅB
↓
ㅋ76S

46.

ㅊㅎHP → ★ → ◇ → ?

① ㅋㄱIQ
② IQㅋㄱ
③ NFㅌㅇ
④ ㅌㅇNF
⑤ ㅇㅌFN

47.

UKㄱㅊ → ◆ → ☆ → ?

① LVㅋㄴ
② VLㄴㅋ
③ SIㅍㅇ
④ ISㅇㅍ
⑤ ㅇㅍIS

48.

ㅁHㄷI → ☆ → ◆ → ★ → ?

① IㅂJㄹ
② JㄹㅂI
③ GㄹHㄴ
④ HㄴㄹG
⑤ ㅇKㅂL

49.

ㄷㄹ8C → ★ → ? → □ → Cㄷㄹ8

① ★
② ●
③ □
④ ○
⑤ 없음

50.

23Tㅁ → ? → ○ → ● → 2T3ㅁ

① ★
② ●
③ □
④ ○
⑤ 없음

서 원 각
www.goseowon.com